Visitons Paris!

Des romans à lire à deux,
pour les premiers pas en lecture!

La collection Premières Lectures accompagne les enfants qui apprennent à lire. Chaque roman peut être lu à deux voix : l'enfant lit les bulles et un lecteur confirmé lit le reste de l'histoire.

Cette collection a trois niveaux :

JE DÉCHIFFRE les bulles peuvent être lues par l'enfant qui débute en lecture.

JE COMMENCE À LIRE les bulles peuvent être lues par l'enfant qui sait lire les mots simples.

JE LIS COMME UN GRAND les bulles peuvent être lues par l'enfant qui sait lire tous les mots.

Quand l'enfant sait lire seul, il peut lire les romans en entier, comme un grand !

Un concept original + des histoires simples + des sujets qui passionnent les enfants + des illustrations :
des romans parfaits pour débuter en lecture avec plaisir !

Cette histoire a été testée par Valérie Le Borgne, enseignante, et des enfants de CP.

L'orthographe rectifiée, qui fait désormais référence dans les programmes scolaires, est appliquée dans cet ouvrage.

© 2017 Éditions Nathan, SEJER, 25, avenue Pierre-de-Coubertin, 75013 Paris.
Loi n° 49-956 du 16 juillet 1949 sur les publications destinées à la jeunesse,
modifiée par la loi n° 2011-525 du 17 mai 2011.
ISBN : 978-2-09-257128-6

JE DÉCHIFFRE JE COMMENCE À LIRE JE LIS COMME UN GRAND

Visitons Paris !

Texte de Mymi Doinet
Illustré par Nathalie Choux

Ce matin, les CP de l'école
Plume-Poil-Patte prennent le train.
Où vont-ils avec la maitresse ?

Bientôt, une grande ville apparait derrière les vitres.
Madame La Cane dit :

Voici Paris !

Les copains montent ensuite dans un autre train, qui circule sous la terre : c'est le métro !

Soudain, Kodi, le petit nouveau, bondit de son siège et il se baisse.
Qu'a-t-il caché dans sa poche ?

Arrivée à Notre-Dame, la classe grimpe au sommet de la cathédrale. Là-haut, des statues ressemblent à des monstres. Caramel, le singe farceur, fait une grimace lui aussi.

Ma tête est plus rigolote !

Les copains rient, mais pas Kodi !
Que fabrique-t-il à cheval
sur la gargouille ?

Les CP suivent ensuite madame La Cane au Jardin des Plantes. Ils entrent dans la galerie remplie de squelettes de dinosaures. Gaston et Lardon, les frères cochons, s'écrient :

Glissons dessus !

Puis c'est la découverte de la serre où poussent des plantes carnivores. Carotte, la lapine, et Puce, le chat, sont surpris :

Oh ! La fleur avale des mouches !

Direction le musée du Louvre. Mademoiselle Gazelle, la guide, présente un tableau très célèbre : c'est *La Joconde* ! Madame La Cane demande aux CP de sourire comme la belle dame.

Sur la photo, chacun se tient debout.
Sauf Kodi. Pourquoi est-il accroupi ?

Avant midi, les copains vont
à Montmartre. Sur la grande place,
il y a des peintres.

Roméo se promène le museau en l'air, et flop! le renardeau étourdi glisse sur un gros tube de peinture. Caramel le taquine:

Les copains ont faim maintenant.
Vive le piquenique
sur le bateau-mouche !

Une mouette picore les miettes de leurs sandwichs. Léonie, la jeune lionne, dit :

Elle arrive de la mer !

Tout à coup, plof! Manu le manchot, qui a toujours trop chaud, plonge dans la Seine. La maitresse le gronde :

Les copains quittent le bateau et grimpent sur le Pont-Neuf.
Kodi sautille devant.
Qu'a-t-il encore mis dans sa poche ?

Les CP entourent Kodi.
Quelle mystérieuse collection fait-il ?

Ludo, le louveteau, en est sûr :
le kangourou doit ramasser des
cailloux. Tino, l'ânon, a une autre
idée : Kodi récolte des plumes !
Le kangourou sourit.

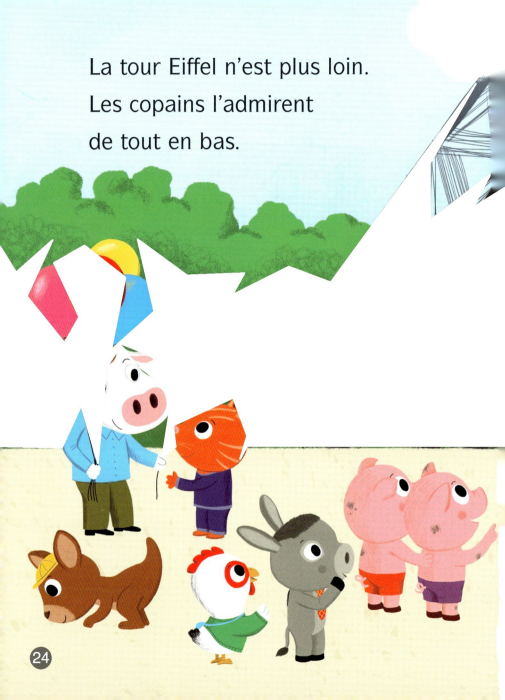

La tour Eiffel n'est plus loin.
Les copains l'admirent
de tout en bas.

Les CP montent dans le magasin de souvenirs de la tour. La maitresse choisit la plus grande boule à neige pour l'offrir à la classe.

Mais au moment de la payer, zut!
Madame La Cane n'a plus assez
d'argent: il lui manque 2 euros.

Kodi fouille dans sa poche. Il en sort des capsules de bouteille et 5, 10, 20, puis 50 centimes. Plus de mystère : il ramassait tout ce qui brille !

Partageur, le petit kangourou au grand cœur dit à la maitresse :

Le lendemain en classe, sur le bureau de la maitresse, la tour scintille sous les flocons.

Devant leur superbe souvenir de Paris, les copains chantent :

Bravo ! Tu as lu un livre en entier !
Tu as aimé cette histoire ?
Retrouve les copains du CP dans d'autres aventures !

N° éditeur : 10226619 – Dépôt légal : juillet 2017
Achevé d'imprimer en juin 2017 par Pollina (85400 Luçon, Vendée, France) - 81171